JN206073

幸運を呼びこむ

SOLAR · NATURE · RYU-UN & RAINBOW · FLOWERS & ANIMALS · THANKS · MOON & STARS

不思議な写真
GOLD

FUMITO

サンマーク出版

豊かな「ゴールドのエネルギー」を
あなたへ。

この「不思議な写真」シリーズは、美しい風景や
動植物だけでなく、**"不思議"な光や現象が写っ
ています。**

なぜなら、私は多くの人が目ではとらえられない
**精霊などの"存在"や、大地や動植物からわき出
る"エネルギー"を目で見ることができ、それを
撮っているからなのです。**

第 3 弾となる今作は、**「豊かさのエネルギー」**を
テーマに写真を撮りました。

豊かさのエネルギーの象徴である、「ゴールドの
輝き」を写真から受け取ってください。

この本の使い方

この本の写真は、あなたの好きなように見て、
感じて楽しんでください。

ただ、より見えない世界とつながり、
あなたの可能性を広げるための見方もご紹介します。

1

気に入ったページの写真を、
瞬（まばた）きせず１０秒間見つづけてください。

2

深く呼吸しながら、
この写真を通して、自身の内側にわき起こること、
広がる感覚を意識してみてください。
また、そのビジョンから、
何かイマジネーションがわいてきたら
書きとめてみてください。
感じること、創造することを、深く呼吸をして
受容してみてください。

3

充分感じたら、目を開けてください。

PROLOGUE
最高の豊かさとは

「心が満たされた」と感想続々

　この本を手に取っていただいたことに、心より感謝いたします。この『**幸運を呼びこむ不思議な写真 GOLD**』で、シリーズ3作目となりました。

　1作目から、たくさんの方より感想をいただいています。具体的に「よいことが起こった」「よい転職ができた」「宝くじが当たった」などという感想もたくさんいただきました。

　そして何より、「心が満たされた」「何とも言えない気持ちになって涙があふれた」というご意見もたくさんいただきました。

　これらは、心が満たされ「豊かな心」になっているということです。

～前著『もっと幸運を呼びこむ 不思議な写真』の感想～

◎見ているだけで不思議な世界へ入りこみ1ページ1ページそれぞれが素敵な世界で**気持ちが温かくなったり、心が洗われたり**といつまでも楽しくながめていられます。(55歳・女性・主婦)

◎仕事で失敗したとき、落ちこんだときなど、見ていると、**気持ちが軽くなる**ような気がします。とにかく、美しい写真ばかりです。持っているだけで、落ち着く感じがします。(51歳・女性・会社員)

◎見ているだけで心が洗われて、**清々しい気持ち**になります。その後**宝くじに当選したり、身内が旅行券を当てて**一緒に行けることになったり、いいこと続きです‼ 感謝です。(46歳・女性・自営業)

◎半信半疑でしたが、読んでみると、**涙が出て
きて、心の底からぶわっとわきあがってくる何か
があり**ました。すべてのページに「見えないパ
ワー」を感じる素敵な本でした。（30歳・女性）

最高の豊かさをあなたへ

　今回の３作目は、より豊かさを感じられるよう
な写真集にしたいと思っております。

　豊かさというとまっさきに "お金" や "富" を思
い浮かべる方も多いでしょう。

　そこで、私の感じる豊かさを少しお話ししたいと
思います。

　私は、五感を使い心で味わえる**心の豊かさが、最
高の豊かさ**だと思っています。

　たとえば、景色を見て、そして心で噛み締めなが
ら味わうこと。

　音を聞き、心の中で空間をつくり、その場所に身を投じ歓喜をわかせること。

　香りを嗅ぎ、記憶の奥にしまいこんだ思い出と新たな感覚や気持ちをリンクさせ微笑むこと。

　食を味わい、祖先や他界した肉親への思いをはせること。

　そして、暖かさや、凛とした空気を肌で感じることで、内なる自身とつながり、わき起こる衝動を感じること。

　皆さんもあると思います。

　五感を通じて、心が満たされることで、ふと、「これをやってみたい」「どうしてもここに行きたい」「あてもなくとにかく歩きたい」……と、魂が突き動かされることが。

　そして、まるで神様の大きな愛の器の中で、たくさんの愛を経験するかのような、**心の豊かさに向き合うと、ふとした瞬間、涙が出るほどの歓喜がわいてくるのです。**

このわき起こる歓喜は、私がカメラのシャッターを切る瞬間に一番大切にしている気持ちです。この気持ちを、記憶として残したい思いで撮っています。

この瞬間に撮られた写真こそが、心の豊かさが実体となった1枚なのです。

私は、ありのままの自分自身で、目に映る景色に歓喜する心に感謝し、感じられることを受け入れ、これからも味わい尽くすでしょう。

ぜひ、本書の写真を、あなたの五感を使って感じてみてください。

きっと、あなたが本来もっている、豊かな心が感じられることでしょう。

愛と感謝と光をこめて
FUMITO

CONTENTS

CONTENTS

装丁・本文デザイン：冨澤崇（EBranch）
編集協力：株式会社ぷれす
本文DTP：朝日メディアインターナショナル
編集：金子尚美（サンマーク出版）

黄金に輝く「太陽」

生命を育む豊かなエネルギー

　太陽は、私たちを照らし、そしてそのエネルギー
で生命を育みます。
　朝日は、生命エネルギーを活性化させる源。そし
て、夕日は、繁栄のエネルギー。

　あなたも感じませんか？
　朝日が差しこむとき、心と体に気力がみなぎって、
「今日も一日楽しもう」と思える。
　そして、夕日に染まった大空の美しさを見るとき、
「明日もがんばろう」と前向きになれることがある
でしょう。

　これからご紹介するさまざまな太陽のエネルギー
を収めた写真は、私の本当に身近なところから、世
界各地で撮られたものまで厳選しています。

時には、朝日が昇る瞬間を収めるために、何時間も極寒の暗闇の中で待ったり、心が望む場所を求めて移動しつづけたりしました。

　また時には、別の目的で移動しているときに、はっと光を感じてシャッターを切ったこともあります（28-29 ページ写真）。

　ページをめくって、朝日を、夕日を、そして日中の最高潮に輝く、太陽のエネルギーを感じてください。**太陽と大地のハーモニーを味わい尽くし、そして感じてみてください。**

　それは、豊かさを、そして繁栄を、あなたの心に映し出すことでしょう。

朝日とともに黄金に輝く空。
心に映る温かな光を感じて
ください。

ハワイ・オアフ島サンセットビーチ近辺。**木漏れ日の先から聞こえる波の音、鳥の声**がまだ見ぬ浜辺の情景を見せてくれました。

屋久島の光は穏やかで、大きな意識（光）で包んでくれます。**呼吸をすると、古代のエネルギーと一体になれました。**

マイナス 20 度の銀世界。
サンセットを迎えるエネルギーは大いなる意識（光）とつながっています。

３つに輝く太陽を同時に目にすると
き、**同時に３つの世界を感じられます。**

「この世界」「心の世界」「未来に想像
する世界」……すべては１つ。

左は、南フランスの空。
光は女性像と一体になり**豊かなエネルギー**を感じさせて
くれます。

上はアメリカ・フェニックスで撮影。右半分、左半分で光
の見え方が違いますね。でも、**光の豊かさは不変**なのです。

太陽の光が地球に届くまで
約 8 分。そのエネルギーは
**いにしえより地球のすべて
を豊かに育んできました。**

いにしえよりうけつぐ
豊かな「自然」

NATURE

古代の自然は豊かさの宝庫

「自然＝八百万(やおろず)の神」。

実家、福島の神社で生まれ育った私は、明確に教えられたわけでもなく、いつの間にか、そう知っていました。

山、森、川……いにしえより、うけつがれている自然は、豊かさの宝庫。

山々の雪が解け川になり、木々がその水を受け取り、花が咲き、虫や動物が栄える。

山のお腹(なか)の中には、クリスタルが何万年と時間を経て形をつくる。

そのさまざまな意識一つひとつが命となって形となっているのです。

そして、**意識の重なり合うエネルギーは、精霊の働きにより、調和しています。**

古代、たくさんの人々がその自然から恩恵を受け、同時に自然の中に神を感じてきました。

　これから紹介する山や海、川、湖、木々、クリスタル……その一つひとつがもつ命、意識を感じてみてください。そして、**ときおり写りこんでいる精霊の働きにも意識を合わせてみてください。**

　豊かさの宝庫、自然のエネルギーによって、あなたの心は満たされ、豊かになっていくことでしょう。

アメリカ・コロラド州アスペン。古代から続くこの地が見せてくれる**「黄金に輝く表情」**。

山と川、そして大地。すべてが光と
ともに調和で満たされた「愛の器」。

1本だけ光輝くその姿は、**まるで満面の笑みで手をふる子どものよう。**「こんにちは」とあいさつをしながら、ファインダーをのぞくと、「こんにちは」と笑って返してくれました。

修験道も修行したといわれる熊本の神社。本殿の上が光り、**通常では感じられないような気**を感じ行ってみると、岩穴から神秘的な光が。無限の可能性を秘めた強烈なエネルギーを感じました。

いにしえよりうけつぐ豊かな「自然」

屋久島の山を歩いてわかったことは、木、草花、岩、精霊……**それぞれ自由であり、けれどすべてはつながり合い、調和のリズムを刻んでいるということでした。**

ちいさな川のほとりでしゃがみ
こむと、ふと目の前に光のオー
ブが。**古くからこの地の豊かさ
を守る精霊なのでしょう。**

神話が紡がれる聖地・壱岐島（いきのしま）。肉眼でもはっきりと、まるでルビーやトパーズなど、宝石かのように光るわき水は、まさに魔法の輝き。

早朝、だれもいない北海道・美
瑛の白金青い池は、**まったく空
気の違う神聖な領域**。木に宿っ
ている精霊が守っているよう。

透き通る池の水面（みなも）に羽の波紋。
**精霊が羽を伸ばして水遊びをし
ている**ようです。

クリスタルは、100年でわず
か1ミリの形成。そんな膨大
な月日を経て生まれる**クリスタ
ルの波動は、ゆるぎなく大いな
る愛**を感じさせてくれます。

黄金の朝日を映し、メキシコから眺めるカリブの広大な海が**キラキラと輝く表情**を見せてくれています。

目を閉じて、波の音、風、光……を感じてみてください。

天空にあらわれた
雄大な「龍雲」・きらめく「虹」

RYU-UN & RAINBOW

空にあらわれる瑞兆

　大空は、いつも私たちを見守ってくれています。そして、さまざまな瑞兆（しあわせの兆し）を見せてくれます。

　大空からのメッセージを受け取る心で、空を見上げると、雲は形をつくり、たくさんのメッセージを送ってくれます。
　それは、**雲にも大自然の豊かな意識が宿っているから**です。

　強い風、うだるような暑さ、雨上がりなど、そのときの気候や状況によって、一瞬しか形づくられない雲。それは、まさに「見せられている」といえますね。

　私は、「龍雲」を見たら必ず「変化変容のとき」「心に秘めていた思いを一歩踏み出すとき」というメッ

セージを受け取っています。

　龍雲は、**あなたにチャレンジを促し、それが実現するエネルギーを送ってくれているのです。**

　それは、まさに心の豊かさにつながる変化変容です。

　そして、**「虹」は龍が通り過ぎたエネルギーの足跡。新しい自分が向かう先**を見せてくれるのです。

　虹との出会いは、新しい次のステージの架け橋とつながることを教えてくれているのです。

　天空にあらわれた雄大な「龍雲」・きらめく「虹」

古くから龍は、神様といわれ、その姿を目にするときは、**新たな一歩を踏み出す時期**とされています。

私たちの見えている世界は、心の内側にある信念のもと、世界をつくり体感させてくれています。さあ、一歩踏み出し、**あなたの望む世界をつくりましょう。**

天空にあらわれた雄大な「龍雲」・きらめく「虹」

日が落ちたとき、大きな雲に赤いシルエットで見せてくれた雄大な龍雲。**大きな愛で包んでくれました。**あなたも感じてみてください。

こちらは、じつは龍ではなく麒麟。麒麟もしあわせの兆し「瑞兆」とされています。

060　天空にあらわれた雄大な「龍雲」・きらめく「虹」

いにしえより幸運のサインとされるダブルレインボウ。**信じることへと橋が架かり、さらなるステージへのスタートとなるサイン**です。さあ、楽しみましょう！

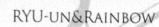

北海道・十勝。樹木の間から見るあざ
やかな虹には、**森の豊かさ**を感じます。

昔ハワイでは「虹の麓には宝がある」といわれ、幸運のサインとされました。

あなたの幸運も目の前にあります。

黄金のダブルレインボウは、
すべての愛が満たされます。

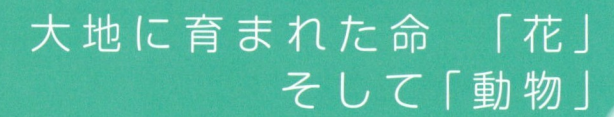

大地に育まれた命　「花」
そして「動物」

FLOWERS & ANIMALS

美しく咲きほこる花、力強い生き物たち

　咲きほこる花が放つエネルギーは、見るものの心に癒やしを与え、活力を与え、そして**心の純粋なエネルギーと調和します。**

　桜の花などの1年に一度しか咲かない花は、はかない有限のエネルギー。
　シャッターを切る瞬間、思わず「ありがとう！」と、感謝を言葉にします。
　すると、**花たちは、返事をしてくれるように、何かを解き放ち、エネルギーとして返してくれている**ように私は感じます。
　これからご紹介する花の写真は、そんな瞬間を収めたものです。

　一方、動物は、まさに、魂とつながった本能のまま生きている存在。
　その、ありのままの存在は、大いなる源とのつな

がりを体現しています。

　ですから、大自然の中で姿をあらわした動物には、神秘を感じると同時に、**大いなる源からのメッセンジャーとしての役割**もあると思っています。

　これからご紹介する動物たちも、わざわざ探しにいったのではなく、不意に私の前にあらわれたものたちばかりです。あなたは、そんな彼らからどんなメッセージを受け取りますか？

桜は愛と希望の温かなエネ
ルギー。
心、そして魂を癒やしてく
れます。

上は、咲き始めたばかりの桜。開花のエネルギーを感じてください。

右は、岩の間のちいさなちいさな一輪の花。遥か遠くから光って見えたので、驚いて近づきシャッターを切りました。**この純粋なエネルギーは世界を包むくらい広がっていました。**

見るだけで、**顔がほころ
ぶほど愛を感じます。**睡
蓮の花は愛と豊かさをも
たらしてくれます。

大きな羽で雄大に飛び立つ
鷹(たか)は、**いにしえよりうけつ
ぐ心の目で世界を見ている。**

美しい山の家族があらわれ
ました。その純粋な瞳に心
が洗われます。

星空や朝日を撮りに行った阿蘇山。日が昇ると同時に、私の前に突如あらわれた馬たち。その姿は美しく、間近でシャッターを切らせてくれました。「ありがとう」と心の中で伝えた思いが届くのを感じました。

草原と馬は何と調和しているのだろう！　**自然とのハーモニーの大事さ**を思い出させてくれました。

「感謝」がもたらす奇跡

Thanks

豊かな心からの祈りがもたらすもの

　祈りは、とても強いエネルギーです。

　祈ることで、希望の光、そして愛がもたらされると同時に、「希望」「愛」という意識（光）が拡張します。そして祈りは、波紋のような広がり方をします。

　この希望の光は、「感謝のエネルギー」となり祈る心に浸透します。

　ですから、祈ることと感謝は同一のものともいえます。

　私は、毎朝毎晩、神棚の前で、
　「今日もこの場所にあれることに感謝します」
　と、自分自身と向き合う時間をもっています。

　その祈りを通して、自分自身の意識（光）を感じ、この場所を体感します。そして、すべての五感を通

して心の中心で味わいます。

　この感覚が、たまらなく豊かであることを実感します。

　これからご紹介する写真は、**いにしえからの人々の祈りが光や形となってあらわれたものや、見えない存在（精霊など）からの守護**を写し取ったものです。

　あなたも写真を見ながら、感謝のエネルギーを心で感じてみてください。

五十鈴川の橋の上。朝日が昇り、手を合わせた瞬間、光が降りてきているのが見えました。歓喜がわきあがるほど、心から感情がほとばしりました。**いまここにあることに、感謝。**

光の柱を感じるとき、
両手を広げ感じましょ
う。

熊本の神社の参道にあらわれた
交差する光。**光の精霊が、参拝
する道を見守ってくれます。**

頭上の空に広がる人魚様。まるで海の底に自分がいるかのように感じました。

大きな大きな慈愛で、大空の上から見守ってくれているのでしょう。 感謝の気持ちがわき起こりました。

『もののけ姫』の舞台にもなった
場所といわれている屋久島の森。

形には命が宿ります。愛らしい
この形には特別な感情がわいて
きます。

福島・金沢黒沼神社の初日の出。**参道
を見守る光の精霊**があらわれました。

幣束に、人々の感謝の思いが光となっ
てあらわれています。

マグダラのマリアが晩年すごし
たといわれる洞窟の教会。

**祈りによる愛が光の翼となって
あらわれ、**同じ愛を返してくれ
ました。

炎にはたくさんのエネルギーの流れがあります。そして、**守護者としての姿**を見せてくれることもあるのです。

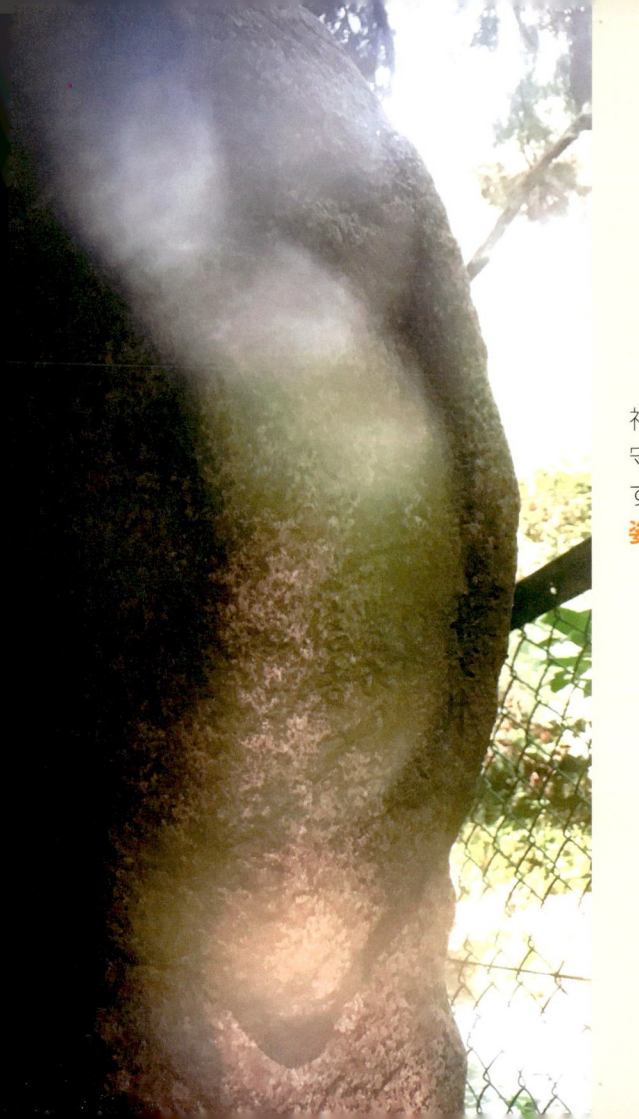

神社の木や岩には必ず守護神が宿っています。**信じる心が、その姿を見せてくれます。**

富士山の頂点に太陽が重なると
きを、「ダイヤモンド富士」とい
います。美しく神秘的な光景に
自然と祈りを捧<ruby>捧<rt>ささ</rt></ruby>げてしまいます。

**祈る＝感謝をするひとときは、
心を豊かにしてくれます。**

静かな闇夜を照らす「月」・「星」

MOON & STARS

豊かな月の輝き、星の瞬き

　月は、満月、三日月、新月など見せる表情が変わるだけでなく、それぞれ受け取るエネルギーが変わります。

　満月は「満たされたエネルギー」を放ちます。
　私の実家の神社では、満月や新月の日といった月の周期で、祭事が行われます。
　満月の日に祈願すると、「神力」により、祈願した願いがかなう世界になると伝承されています。
　そのため、満月に行われる祭りでは、五穀豊穣、身体堅固、家内安全などの祈願をしております。

　一方、新月は「クリアーなエネルギー」を放っています。

　新月の夜空に浮かぶ星々の輝きは、無限の源と深く深くつながっている海底にいるような錯覚を起こ

させてくれます。

　これからご紹介する写真にも、新月のときの星々の写真があります。

　それらの写真は、だれもいない真っ暗な山の中で、たったひとり**自分の心の世界と、目で見える星空の世界を重ね合わせ、心で源を感じながら撮影しています。**

　流れ星がくる前にシャッターを切り、心の中で流れ星を見るかのように撮影すると、そこに、流れ星が写りこむことがよくあります。

　すべては、人の意識であり、すべてがつながっていると、星の輝きを目にして感じます。

スーパームーン。それは、
地球に届くエネルギーが
一番満ちた状態。

星の輝きが増す、新月の夜空を
見上げると、自由で大きな意識
とつながる感覚になります。

**常に流れる日々の中、いまを感
じましょう。**

早朝の月と朝焼けに染まる不死鳥の雲。

なぜだか、とても懐かしくなりました。
生きていることに感謝が自然とわき、**「素直であろう」**と改めて感じます。

山の麓で強く光る月。じつは新月から3日後くらいの細い月。こんなにも強く輝いています。

「流れ星を見ると願いがかなう」
といわれますね。

私たちの心の中にある「願い」と
いうきらめく星が、意識エネル
ギーとなり、**流れ星となって外側
の世界に見せてくれるのです。**

月の満ち欠けも、心の感情も常
に変化しています。だからこそ、
**この「いま」を感じるたび感謝
の気持ちを月に送りましょう。**

満月を経て、新たなサイクルに入るとき、この現実のルールではなく、**心の内側にある素直な感情の声を聞いてみましょう。**

新たな一歩を楽しめるでしょう。

EPILOGUE
私たちは魂の奥底でつながっている

最後までご覧いただきありがとうございます。

私はひとりで撮影しに行くとき、衝動に突き動かされるように出掛けることがあります。

そんなときは、ひたすら山に籠って撮影したり、時にはマイナス20度の銀世界を睡眠も取らずに、夜な夜な「ピン」と来る場所を求めて放浪したりすることもあります。

そして、自分の心で感じる世界に入っていくように、**目を閉じ心でとらえる世界を見て、感情がわき起こり歓喜を感じる瞬間にシャッターを切ります。**

私たちの世界は、深く深く魂の奥底ではすべてつながり合う無限の世界。

だからこそ、**シャッターを切るときに感じている歓喜をともなう豊かな心は、その写真を見た人にも**

伝わるのでしょう。

　プロローグでも紹介させていただきましたが、『幸運を呼びこむ不思議な写真』シリーズは、いままで本当に、たくさんの方々に手に取っていただき、そしてたくさんの感想をいただきました。

　ここで、印象的だったある読者の感想をお話ししましょう。その方は、主催したワークショップにお越しいただき、こんなふうにおっしゃっていました。

　「じつは私、大病を患い1年間入院していて、ちょうど1週間前に退院してきたんです。入院していた私に、友人がプレゼントしてくれた本がFUMITOさんの『幸運を呼びこむ不思議な写真』でした。この写真を見ながら "こんな風景を見たい" "こんなふうに感じてみたい" **"だから絶対に退院する！"** って勇気をもらえたんです。そして、やっと退院してここにいるんです。ありがとうございました。お会いしてお礼が言えて本当によかった」

　私は、感無量でした。

　「こちらこそ、本当に心より感謝です。ありがと
うございます」と、手を取り、感謝返しをさせてい
ただきました。

　このような感想をいただくと、本当にこの書籍が
誕生し、よかったと実感します。

　この書籍を３部作まで導いてくださった、サン
マーク出版編集長の金子尚美さんには、心より感謝
いたします。

　また、いつも側にいて支えてくれるパートナーの
LICA ちゃんをはじめ、他界した神職の父、いつも
エネルギッシュな母、兄妹、そして、パートナーの
家族の父、母、兄には、本当に心の豊かさをいつも
感じさせてもらっています。ありがとう。

　そして、たくさんの「スピクリ」の仲間やシンク
ロニシティカードで、一緒に楽しんでいるみんな、

本当にいつも感謝しております。

　これからも、愛と感謝をこめて、光（愛の源）を
撮影していきたいと思います。

　　　　　　　　　愛と感謝と光をこめて
　　　　　　　　　FUMITO

　　　　　　　　　2019年5月吉日

FUMITO （ふみと）

クリエイティブプロデューサー。空間演出家。パラレルアース（株）代表。
東北の神社の家系に生まれ、自身も國學院大學にて神職の資格を得て、神
職としても活躍。また、幼少のころから「共感覚」という知覚により、見えな
いものに対する鋭い感覚を持ち成長する。

現在は、ファッション、コスメブランドなどのパーティーやショーなどの空間
演出家、イベントプロデューサーとして数々の企業イベントを手がけてい
る。

同時に、東日本大震災をきっかけに、目に見えない存在からの目に見える
メッセージを受け取り、すべては愛と感謝と光であると体感。それ以降、パ
ートナーのLICAとともに見えない世界に関する講義や、ワークショップ、ス
クール、執筆活動を行っている。

著書に、ベストセラーとなった『幸運を呼びこむ不思議な写真』『もっと幸運
を呼びこむ不思議な写真』（ともにサンマーク出版）、『人生が輝く! 幸運の
写真』（KADOKAWA）、『ほんとうの自分が目覚める! 月の習慣』（徳間書
店）などがある。

地球遊園地を楽しもう!
https://ameblo.jp/parallel-earth

幸運を呼びこむ不思議な写真GOLD

2019年7月10日　初版印刷
2019年7月20日　初版発行

著　者　FUMITO

発行人　植木宣隆

発行所　株式会社 サンマーク出版
　　　　東京都新宿区高田馬場2−16−11
　　　　（電）03−5272−3166

印　刷　共同印刷株式会社

製　本　株式会社若林製本工場

ホームページ：https://www.sunmark.co.jp

天使が教えてくれた「おしゃれの法則」

LICA【著】

四六判並製　定価＝本体1600円＋税

**世界的デザイナーが
天使から受け取った
「幸運を呼ぶファッション」！**

ラッキーを引き寄せるおしゃれな「チャーム」付き。

- ◆ デザイナーの私が受け取った天使からのメッセージ
- ◆ あなたのガーディアンエンジェルの名前を聞いてみましょう
- ◆ 願いをかなえる祈り方・不安を断ち切る祈り方
- ◆ 天使とつながり、しあわせを呼ぶ「ミカエルのコインチャーム」
- ◆ 天使とつながるファッションポイントは「清潔感」と「光」
- ◆ 数字に隠された秘密〜エンジェルナンバー〜
- ◆ 天使から「贈り物」をもらう方法

電子版は Kindle、楽天〈kobo〉、または iPhone アプリ（AppleBooks 等）で購読できます。

写龍
しあわせの龍を呼ぶ本

斎灯サトル【著】

B4変型判並製　定価＝本体1500円＋税

なぞるたびに、
心が整い、人生が輝く！
日本初！
龍づくしのなぞり絵＆ぬり絵

◆　天井画絵師として調べ尽くした世界の龍
◆　「流れ」と「守り」を合わせもつ存在
◆　龍に乗ると、なぜ運がよくなるのか？
◆　小林正観先生からの不思議な予言
◆　なぜ、神社仏閣の天井に龍が描かれるのか？
◆　写龍入門　龍のパーツから流れにつながる
◆　写龍実践　さあ、どの龍とつながりますか？

電子版は Kindle、楽天〈kobo〉、または iPhone アプリ（AppleBooks等）で購読できます。